노경실 선생님이 들려주는
교통안전

노경실 선생님이 들려주는
교통안전

ⓒ 2019 노경실

1판 1쇄 펴낸날 | 2019년 11월 20일
2판 1쇄 펴낸날 | 2024년 6월 17일

지은이 | 노경실
그린이 | 이소라
펴낸이 | 양승윤

펴낸곳 | (주)와이엘씨
출판등록 | 1987년 12월 8일 제1987-000005호
주소 | 서울특별시 강남구 강남대로 354 혜천빌딩 15층 (우)06242
전화 | 02-555-3200
팩스 | 02-552-0436
홈페이지 | www.aladinbook.co.kr

Traffic Safety
by Noh Kyeong-sil

Copyright ⓒ 2019 by Noh Kyeong-sil
Printed in KOREA

값 13,000원
ISBN 978-89-8401-727-6 74810
ISBN 978-89-8401-724-5 74810(세트)

알라딘 북스는 (주)와이엘씨의 아동 전문 출판 브랜드입니다.

| KC 공통안전기준 표시사항 | ① 품명 : 노경실 선생님이 들려주는 교통안전
② 제조자명 : 알라딘북스
③ 주소 : 서울시 강남구 강남대로 354
④ 연락처 : 02-555-3200
⑤ 제조년월 : 2024년 6월
⑥ 제조국 : 대한민국 | ⑦ 사용연령 : 7세 이상
⑧ 취급상 주의사항
  • 종이에 베이지 않도록 하세요.
  • 책의 모서리가 날카로우니 던지거나 떨어뜨려 다치지 않도록 주의하세요.
⑨ KC마크는 이 제품이 공통안전기준에 적합하였음을 의미합니다. |

노경실 선생님이 들려주는
교통안전

글 노경실 | 그림 이소라

 **머리말**

안전한 생활이
안전한 미래를 만들어요!

   나의 어린 시절을 생각하면 지금은 말 그대로 꿈같은 세상입니다. 24시간 아무 때나 서로 얼굴을 보며 전화를 할 수 있지요. 궁금한 것이 있으면 손에 들고 있는 스마트폰을 통해 바로바로 찾아볼 수도 있습니다. 먹고 싶은 것은 언제 어디서고 배달 서비스를 받을 수 있어요. 편리해진 우리의 생활을 다 이야기하자면 일주일도 넘게 걸릴지 모르겠어요. 그중에서도 가장 큰 변화는 아마도 인공지능일 거예요. 영화에서만 보던 로봇이 우리를 위해 일하는 세상이 되었으니까요.

   그런데 참 이상하지요? 날마다 새로운 기술, 첨단 제품들이 나오는데 왜 세상은 더 위험해지고 있는 것일까요? 아마 가장 큰 이유는 너무나 복잡해지고, 정신없이 빠르게 움직이는 사회 구조 때문일 거예요. 그러기에 지금 우리에게 안전한 환경을 만드는 것은 정말 중요합니다. 특히 어린이에게는 가정에서도, 학교에서도 안전 교육이 꼭 필요합니다. 안전은 '말'이나 '생각'만으로 되는 것이 아닙니다. '올바른 앎' 즉, 지식이 있어야 합니다. '아는 만큼 보고 아는 만큼 이해한다'는 속담을 기억하나요? 안전 문제도 마찬가지입니다. 아는 만큼 내 안전을 잘 지킬 수 있습니다. 책과 교육을 통해 정확하고 올바른 안전 지식을 가져야 합니다.

나는 '어린이 안전 동화 시리즈'를 통해 어린이들에게 나를 안전하게 지키는 것은 나의 생명과 건강을 보호하는 것이며, 나의 멋진 미래를 가꾸는 첫걸음이라는 것을 알려 주고 싶습니다.

그리고 이것이 바로 나를 사랑하는 사람들에게 가장 큰 기쁨과 선물이라는 것을 잊지 않기를 바랍니다. 언제나 어린이들과 강아지들과 함께하는 나는, 이 책이 어린이들의 행복하고 안전한 생활의 든든한 친구이자 선생님이 되길 소망합니다.

햇살 눈부신 아침,
일산 휜돌마을에서

노경실

 차례

머리말 4

교통 표지판과 신호등 안전
이리 보고 저리 보고, 손 번쩍 들고! 9

안전띠와 자동차 안전
뛰뛰빵빵! 자동차는 위험해! 22

자전거와 인라인스케이트 안전
씽씽씽! 달리자, 달려! 34

지하철과 버스 안전
북적북적 사람이 많은 곳에선 조심 또 조심! 48

위험한 사각지대 안전
사각지대는 놀이터가 아니야! 60

교통 표지판과 신호등 안전

이리 보고 저리 보고, 손 번쩍 들고!

"서준아, 동생 잘 데리고 가. 수연이는 오빠 말 잘 듣고."

아빠가 두 아이의 머리를 쓰다듬으며 말했습니다. 엄마는 수연이의 운동화 끈을 단단히 매주었습니다.

"우리 아들딸, 오늘도 파이팅!"

"파이팅!"

엄마, 아빠는 웃으며 회사로 향했습니다.

엄마, 아빠와 헤어져 학교로 향하던 서준이와 수연이가 횡단보도 앞에 섰습니다. 신호등이 빨간불이었거든요.

"수연아, 네 짝꿍은 지금도 까불어?"

서준이가 의젓하게 물었습니다.

"응, 만날 장난만 쳐. 그리고 방귀대장이야."

"내 짝꿍은 착하고, 방귀도 안 뀌는데."

서준이는 짝꿍 채원이를 생각하며 말했습니다.

그때, 신호등이 초록불로 바뀌었습니다. 서준이가 오른손을 번쩍 들고 한 발을 떼려는 순간이었습니다.

"초록불이다!"

수연이가 잡고 있던 서준이 손을 놓고 앞으로 달려 나갔습니다.

"수연아, 같이 가!"

서준이가 급히 뒤따라가려는 그때, '끼익!' 소리를 내며 오토바이가 멈춰 섰습니다.

"악, 엄마야!"

놀란 수연이가 소리를 지르며 넘어졌습니다.

만약 수연이가 조금만 더 앞으로 달렸다면, 아니 오토바이가 그 순간 멈추지 못했다면 정말 위험한 순간이었습니다.

"괜찮니? 미안하다. 많이 놀랐지? 정말 미안하다."

오토바이에서 내린 아저씨가 어쩔 줄 몰라 하며 수연이를 일으켜 주었습니다.

놀란 수연이는 아무 말도 못하고 울기만 했습니다.

"아저씨, 파란불인데 그렇게 빨리 달리면 어떡해요? 내 동생이 다칠 뻔했잖아요!"

화가 난 서준이가 큰 소리로 말하자, 주위에 있던 어른들도 한마디씩 했습니다.

"아저씨, 횡단보도에서 조심했어야죠!"

"오토바이가 달려오니 아이가 얼마나 놀랐겠어요!"

처음부터 이 모습을 지켜본 교통 자원봉사 할아버지가 다가와 수연이를 달래 주었습니다.

"애야, 괜찮니? 많이 놀랐구나. 다친 데는 없니?"

수연이가 훌쩍이며 고개를 끄덕였습니다.

"그래, 다행이다. 횡단보도에서는 초록불이라도 좌우 살펴보고 천천히 건너야 해."

"수연아, 울지 마."

눈물을 닦아 주는 서준이의 손이 파르르 떨렸습니다. 서준이도 동생만큼이나 크게 놀랐거든요. 서준이는 수연이 손을 꼭 잡고 걸었습니다. 그리고 1학년 때, 급하게 횡단보도를 건너다가 자전거와 부딪혔던 일을 떠올렸습니다.

"수연아, 나도 작년에 너랑 비슷한 일이 있었는데……."

서준이는 옛날이야기를 해주는 것처럼 자신의 이야기를 들려주었습니다.

다시 학교로 향하던 서준이와 수연이는 두 번째 횡단보도 앞에서 멈췄습니다. 첫 번째 신호등에서 시간을 지체하는 바람에 등교 시간이 얼마 남지 않았습니다.

"수연아, 지각하겠다. 신호등 바뀌면 빨리 뛰어가자!"

"안 돼, 오빠. 조금 전에 오빠가 한 말 잊었어? 급해도 천천히 가라면서."

다른 때 같으면 먼저 달려갔을 수연이였지만 이제는 달라졌습니다.

"와! 수연아, 너 교통지킴이같아!"

서준이가 수연이를 보고 웃었습니다.

그때, 수연이 친구 지민이와 소희가 횡단보도 앞으로 다가왔습니다.

"수연아! 서준이 오빠, 안녕!"

지민이와 소희가 수연이와 서준이를 보며 반갑게 인사했습니다.

"오빠, 저게 뭐야? 바닥에 '30'이라고 써 있잖아."

서준이가 대답하려는데 신호등 초록불이 켜졌습니다.

"초록불이다! 건너자!"

아이들은 한 손을 번쩍 들고, 이리저리 살피며 걸었습니다.

"아, 맞다! 이거 뭔지 알겠어. '30'은 학교 앞에서 자동차 속도를 '30'으로 줄이라는 표시라고 선생님이 가르쳐 주셨어!"

지민이의 말에 수연이도 거들었습니다.

"맞아. 바닥에 '30'이 표시된 곳에는 자동차를 세워도 안 된다고 했어."

"그럼 학교 앞에 '30'이라고 써 있는 숫자는 어린이 보호 구역을 말하는 거야?"

"그렇지!"

지민이와 수연이가 합창하듯 대답했습니다.

'어린 동생들이라고만 생각했는데 똑똑히 알고 있네.'

아이들의 이야기를 들으며 서준이는 새삼 놀랐습니다.

"애들아, 저거 본 적 있어?"

길을 건넌 서준이 눈에 공사 중 표지판이 들어왔습니다. 학교 앞 도로에 있는 맨홀 뚜껑이 열려 있고, 아저씨들이 일하고 있었습니다. 노란 작업 모자를 쓴 아저씨가 사람들의 통행을 안내하고 있었지요.

"죄송합니다. 공사 중이니 조심해서 지나가세요!"

서준이와 세 아이는 좁은 길을 아기 오리들처럼 조심조심 지나갔습니다.

그때, 두 아주머니가 아이들을 뒤따라오며 말했습니다.

"저번에 은행 앞에서 공사하는데 이렇게 안내해 주는 사람이 없어서 어떤 아이가 맨홀에 빠지는 사고가 있었어요."

"쯧쯧, 표지판이 있어도 아이들이 친구들이랑 장난치다가 그런 사고를 자주 당한대요. 길을 걸을 때는 표지판을 잘 보면서 다녀야 하는데……."

서준이와 세 아이들은 조심해서 길을 빠져나왔습니다.

"너희들 아까 길을 지나던 아이가 맨홀에 빠졌다는 얘기 들었지? 길을 다닐 때는 언제나 표지판을 잘 보고 다녀야 해. 알았지?"

서준이는 듬직한 오빠가 되어 동생들에게 다시 한번 주의를 주었습니다.

"알았어, 오빠!"

세 아이는 착한 아기 오리들처럼 한 목소리로 대답했습니다.

학교 정문으로 들어가는 아이들의 발걸음이 어느 때보다 당당하고 힘차 보였습니다.

안전이 최고야!

🌱 문제를 잘 보고 알맞은 곳에 스티커를 붙여 보세요.

1 길을 건널 때는 어떻게 해야 할까요?

㉮ 급한 일이 있을 때는 무단 횡단을 해도 돼요.

㉯ 어떤 상황에서도 꼭 횡단보도로 건너요.

2 횡단보도를 안전하게 건너는 방법은 무엇일까요?

㉮ 자동차가 완전히 멈춘 것을 확인하고 건너요.

㉯ 파란불로 바뀌었으면 무조건 뛰어가요.

3 올바른 신호등 보기는 무엇일까요?

㉮ 빨간불로 바뀌어도 빨리 건너면 문제없어요.

㉯ 초록불이 얼마 남지 않고 깜박거릴 때는 다음 신호를 기다려요.

4 어린이 보호 구역 표지판은 무엇을 뜻하는 걸까요?

㉮ 어린이들이 많이 다니는 길이니 운전을 조심하세요.

㉯ 어린이들은 다니면 안 되는 길이에요.

5 보행 금지 표지판은 무엇을 뜻하는 걸까요?

㉮ 사람이 다니면 안 되는 길이에요.

㉯ 사람만 다닐 수 있는 길이에요.

노경실 선생님의 '교통 표지판과 신호등 안전' 이야기

횡단보도를 건널 때는 항상 긴장하고 주위를 살펴야 해요. 신호등이 초록불로 바뀌었다고 해서 무조건 건너다가 큰 사고로 이어질 수 있어요. 횡단보도 앞에서는 서두르지 않고 확인 또 확인한 뒤, 안전하게 건너요. 교통 표지판의 뜻을 잘 알아두면 사고를 예방할 수 있어요. 가족, 친구들과 함께 놀이하듯 교통 표지판 공부를 해 보는 것도 좋아요. 안전은 미리미리 예방하는 것이 가장 중요하답니다.

정답 ❶ 나 ㉯ / ❷ 나 ㉯ / ❸ 가 ㉮ / ❹ 가 ㉮ / ❺ 가 ㉮

안전띠와 자동차 안전

뛰뛰빵빵! 자동차는 위험해!

일요일 오후, 미진이와 미주는 집에 둘만 있게 되었습니다. 엄마와 아빠가 잠시 마트에 장보러 갔기 때문입니다.

"언니, 나 심심해. 우리 소희 언니네 놀러 갈까?"

"좋아, 나도 소희네 강아지 보고 싶어."

"그래, 강아지 데리고 나가서 놀자."

두 아이는 전화로 엄마의 허락을 받고 옆 동에 사는 소희네로 갔습니다.

소희는 미진이와 미주를 반갑게 맞아 주었습니다.

"어서 와! 안 그래도 심심했는데."

거실에 있던 소희네 강아지 밍크도 달려와 살랑살랑 꼬리를 흔들었습니다.

밍크는 금빛 갈색 털을 가진 요크셔 테리어입니다.

"소희야, 우리 밍크 데리고 나가자."

미진이가 밍크를 쓰다듬으며 말했습니다.

"좋아! 안 그래도 밍크 데리고 산책 나가려던 참이었어."

밖으로 나오자, 밍크는 일초도 쉬지 않고 이리 뛰고 저리 뛰었습니다. 몸집이 작은 강아지지만 힘이 세서 아이들이 끌려 다닐 정도이지요. 소희와 미진이가 번갈아가며 강아지의 목줄을 잡고 뛰었습니다.

신이 난 아이들이 차가 다니는 큰길로 나오자마자, 오른쪽으로 꺾어지는 길에서 갑자기 자동차 한 대가 요란한 경적소리를 내며 달려왔습니다.

"빵빵! 빵빵! 빠앙!"

"으악!"

깜짝 놀란 아이들이 소리를 지르며 옆으로 물러섰습니다. 소희는 놀란 와중에도 밍크부터 잽싸게 안아 올렸습니다.

자동차는 한번 더 큰 소리로 경적을 울리더니 사라졌습니다.

정신을 차린 아이들은 강아지와 함께 안전한 인도로 뛰었습니다. 얼마나 놀랐는지 다리가 후들후들 떨려 서 있기도 힘들었습니다. 소희 품에 안긴 밍크도 몸을 바들바들 떨었습니다.

"자동차가 갑자기 튀어나와서 너무 놀랐어."

미주가 울먹이며 말했습니다.

"맞아. 정말 큰일 날 뻔했어."

미진이도 가슴을 쓸어내렸습니다.

"엄마가 차가 다니는 길에서는 항상 조심하라고 했는데…… 그치 밍크야?"

"왈왈!"

소희의 말에 밍크가 대답하듯 큰 소리로 짖었습니다.

오늘은 채소 기르기 수업 때 심은 고구마를 캐러 가는 날입니다. 5월에 고구마를 심었는데, 10월이 되어 드디어 수확을 하는 거지요.

버스에서 선생님이 아이들을 향해 마이크를 들었습니다.

"자, 모두 안전띠를 매세요. 답답하다고 몰래 풀면 안 됩니다. 혹시 옆자리에 앉은 친구가 안전띠를 풀면 선생님한테 알려주세요. 그건 고자질하는 게 아니라 친구를 도와주는 거예요. 알겠지요?"

"네!"

아이들이 큰 소리로 대답했습니다.

아이들은 소풍가는 것처럼 마냥 들떠서 노래도 부르고, 웃고 떠들었습니다. 미진이는 소희와 어제 본 만화 이야기를 하며 즐거운 시간을 보냈습니다.

"어제 '날아라, 햄톨이' 봤어?"

"당연하지. 휴, 다음주까지 어떻게 기다려."

"맞아, 맞아. 나도 궁금해 죽겠어."

그때였습니다. 갑자기 버스가 '끼익' 소리를 내며 급하게 멈춰 섰습니다.

"으악!"

"엄마야!"

놀란 아이들이 너도나도 소리를 질렀습니다.

"으앙!"

어디선가 울음소리도 들렸습니다.

버스 앞에서 달리던 차가 고장이 나서 갑자기 멈추는 바람에 큰 사고가 일어날 뻔한 것입니다. 다행히 버스 기사 아저씨가 급히 버스를 멈춰 더 큰 사고는 생기지 않았습니다. 선생님이 재빨리 일어나 아이들을 살폈습니다.

"선생님! 민호 코피 나요!"

민호 옆자리에 앉은 주현이가 손을 들며 외쳤습니다.

몰래 안전벨트를 풀었던 민호가 앞 의자에 코를 박은 것입니다.

선생님은 민호의 상태를 살피고 한숨을 내쉬었습니다. 다행히 크게 다치지 않았고 잠시 후, 코피도 멈췄습니다.

차가 출발하기 전, 선생님이 일어나 다시 한번 말했습니다.

"여러분, 선생님이 안전띠에 대해서 백번 말해도 부족함이 없다고 했지요? 보세요. 안전띠를 안 하면 이렇게 위험할 수 있어요. 지금도 위험한 상황에서 안전띠가 여러분을 구해 준 거예요. 안전띠를 안 한 친구는 안전띠가 얼마나 중요한지 다시 한번 깨달았을 거예요. 자, 출발 전에 다시 서로의 안전띠를 확인하세요. 모두 안전띠를 맸나요?"
"네!"
아이들의 목소리가 출발할 때보다 더욱 커졌습니다.
버스가 천천히 다시 출발했습니다. 안전띠를 맨 아이들의 얼굴에도 선생님의 얼굴에도 그제야 편안한 미소가 번졌습니다.

안전이 최고야!

🌱 문제를 잘 보고 알맞은 곳에 스티커를 붙여 보세요.

1 차가 다니는 큰길을 걸을 때는 어떻게 해야 할까요?

㉮ 차가 알아서 피해 다니니까 마음 놓고 걸어 다녀요.

㉯ 사방을 살피고 한쪽으로 붙어 걸어요.

2 갑자기 자동차가 튀어나오면 어떻게 해야 할까요?

㉮ 재빨리 인도나 안전한 곳으로 피해요.

㉯ 겁먹지 말고 가던 길을 가요.

3 차가 나오는 주차장 입구를 지날 때는 어떻게 해야 할까요?

㉮ 차가 나오는지 확인하고 지나가요.

㉯ 무조건 빨리 지나가면 돼요.

4 왜 안전벨트를 매야 할까요?

㉮ 안전벨트를 매면 멋있어 보이니까요.

㉯ 사고에 대비한 안전을 위해 꼭 필요하기 때문이에요.

5 안전벨트가 답답하면 어떻게 해야 할까요?

㉮ 잠시 풀고 편안하게 가면 돼요.

㉯ 안전을 위해서는 도착할 때까지 꼭 하고 있어요.

노경실 선생님의 '안전띠와 자동차 안전' 이야기

차가 다니는 큰길에서는 멈춰 선 자동차가 갑자기 움직여서 큰 사고가 일어나기도 해요. 특히 몸을 재빨리 움직이지 못하는 노약자나 어린이들의 사고가 많지요. 차가 다니는 길에서는 언제 어디서라도 자동차가 나타날 수 있다는 것을 잊지 마세요. 또한 차를 탈 때는 꼭 안전띠를 해야 해요. 안전띠는 천사의 생명 줄임을 잊지 마세요.

정답 ❶ 가지 마 / ❷ 가지 마 / ❸ 아니오 / ❹ 가지 마 / ❺ 가지 마

자전거와 인라인스케이트 안전

씽씽씽!
달리자, 달려!

토요일, 점심을 먹고 나자 지민이에게 전화가 왔습니다.

"수연아, 자전거 타자."

"어쩌지? 나 자전거 고장 났어."

"그럼 너는 인라인스케이트 타. 소희도 나올 거야."

"응, 알겠어."

수연이는 유치원 때 타던 자전거가 창피해 고장 났다고 거짓말을 했습니다.

"엄마, 새 자전거 사 주세요. 나만 유치원 때 산 자전거예요."

"3학년 되면 사 줄게."

수연이는 할 수 없이 오빠 자전거를 타려고 했지만 이미 오빠가 자전거를 타고 나간 뒤였습니다. 수연이는 눈물이 나오려는 걸 간신히 참고, 인라인스케이트를 챙겼습니다.

현관문을 열고 나가려는데 엄마가 수연이를 불러 세웠습니다.

"수연아, 헬멧 쓰고 가야지!"

"헬멧이요? 내가 뭐 유치원생인가요?"

"뭐? 헬멧은 어른, 아이 모두 쓰는 거야."

엄마는 헬멧을 들고 와 수연이 머리에 씌워 주었습니다. 헬멧 속 수연이 얼굴에 귀찮음이 가득했습니다.

"수연아! 여기야, 여기!"

먼저 와 기다리고 있던 소희와 지민이가 손을 흔들었습니다.

소희 자전거는 파란색과 흰색이 어우러진 시원한 색이었습니다. 헬멧도 같은 색이었지요.

지민이 옆에도 분홍빛 새 자전거가 세워져 있었습니다. 수연이 얼굴에 부러움이 피어올랐습니다. 특히 지민이의 분홍빛 새 자전거가 수연이 눈엔 신데렐라의 호박마차처럼 부럽게 느껴졌습니다.

"지민아, 헬멧 안 써?"

"귀찮아!"

소희의 말에 지민이가 얼굴을 찡그리며 말했습니다.

"안 돼, 위험해. 이것 봐, 난 무릎보호대도 했어."

수연이가 손으로 자기 무릎을 가리켰습니다.

"수연이 말이 맞아."

소희도 맞장구를 쳤습니다.

"에이, 괜찮을 거야. 우리 호수공원 가자!"

지민이가 앞장서며 외쳤습니다.

"달리자!"

세 아이는 신나게 출발했습니다. 그런데 큰길을 빠져나가는 순간, 앞서 달리던 지민이가 깜짝 놀라며 소리쳤습니다.

"악, 엄마야!"

자동차가 '끼익' 소리를 내며 급히 멈춰 섰습니다.

"얘! 도로에서 조심해야지 그렇게 달려오면 어떡하니?"

아저씨의 말에 지민이가 고개를 숙였습니다.

자동차가 지나가고 놀란 소희와 수연이가 지민이에게 다가왔습니다.

"지민아, 괜찮아?"

"괜찮아! 자, 다시 출발하자!"

지민이가 아무 일 없다는 듯 말했습니다.

그때, 하얀 강아지와 산책하던 아저씨가 지민이에게 다가왔습니다.

"얘, 자전거 탈 때는 꼭 헬멧을 써야 한단다."

"아저씨, 경찰이세요?"

지민이가 당돌하게 물었습니다.

"경찰은 아니지만 너희 또래 쌍둥이 딸이 있거든. 걱정되서 말해 주는 거야."

"괜찮아요. 우리는 어린애가 아니거든요!"

지민이는 뽀로통한 얼굴로 대답하더니 호수공원 쪽으로 다시 달렸습니다.

"어? 지민아, 같이 가!"

소희와 수연이도 급하게 지민이를 따라갔습니다.

아저씨는 혀를 차며 걱정스레 아이들을 바라보았습니다.

"참, 이상한 아저씨야. 그치?"

지민이가 자전거를 타며 뒤에 오던 소희를 돌아봤습니다.

"어어? 지민아, 앞에 봐!"

소희가 지민이를 향해 소리치는 순간, 지민이가 비명을 질렀습니다.

"으악!"

지민이의 자전거 앞바퀴가 돌부리에 부딪히며 휙 쓰러지고만 것입니다.

"으악!"

그런데 넘어진 사람은 지민이 혼자가 아니었습니다. 자전거가 쓰러지면서 옆에서 달리던 수연이까지 넘어진 거지요.

"엄마! 으앙!"

지민이와 수연이는 일어나지도 못하고 엄마를 부르며 울음을 터뜨렸습니다.

주변에 있던 사람들이 달려왔습니다.

"어머! 이마에서 피가 나네!"

"어서 119 불러요!"

"그래도 이 아이는 헬멧을 써서 머리는 안 다친 것 같아요."

다행히 수연이는 다치지는 않았지만 너무 놀라 눈에서 눈물이 뚝뚝 떨어졌습니다.

연락을 받은 부모님들이 병원으로 달려왔습니다. 지민이와 수연이는 여러 검사를 했는데 결과는 서로 완전히 달랐습니다.

수연이는 이마 왼쪽 가장자리 피부가 벗겨지는 가벼운 상처뿐, 다른 곳에는 아무 이상이 없었습니다. 간단한 상처 치료만 하고 집으로 돌아가도 된다고 했습니다.

하지만 지민이는 병원에 이틀 정도 입원해야 한다고 했습니다. 크게 다치진 않았지만, 목 주위 신경이 일시적으로 굳어져서 목에 둥그런 깁스를 해야 했습니다.

"헬멧을 쓰지 않았기 때문에 큰 사고로 이어질 수 있었어. 이

만하길 정말 다행으로 생각해야 해. 앞으로 자전거를 탈 때는 꼭 헬멧을 써야겠지?"

의사 선생님이 지민이를 보며 말했습니다.

"네……."

지민이가 시무룩한 얼굴로 대답했습니다.

"지민아, 내일 일요일이니까 다시 올게."

수연이와 소희가 걱정스런 얼굴로 말했습니다.

"애들아, 고마워. 그리고 수연아, 미안해. 나 때문에……."

지민이가 눈물을 글썽였습니다.

"아니야, 난 괜찮아."

수연이가 지민이의 손을 잡아 주었습니다.

그때였습니다. 세 아이 옆에서 지민이 엄마, 아빠가 낮은 목소리로 말다툼을 했습니다.

"왜 지민이한테 헬멧을 안 씌었어?"

"지민이가 싫다는 데 어떡해요?"

그러자 지민이가 큰 소리로 말했습니다.

"이제부터 꼭 헬멧 쓸 거예요! 그러니까 싸우지 마세요!"

안전이 최고야!

🌱 문제를 잘 보고 알맞은 곳에 스티커를 붙여 보세요.

1 더운 여름에는 헬멧을 쓰지 않아도 될까요?

㉮ 땀이 나니까 쓰지 않아도 괜찮아요.
㉯ 아무리 더워도 안전을 위해 꼭 써야 해요.

2 친구들과 함께 자전거를 탈 때에는 어떻게 해야 할까요?

㉮ 나란히 한 줄로 속도를 조절하며 달려요.
㉯ 친구와 이야기해야 하니까 옆이나 뒤를 돌아봐요.

3 자전거를 탈 때, 차가 오면 어떻게 하나요?

㉮ 차보다 먼저 가면 되니까 빨리 가요.
㉯ 차가 오는지 확인하고 차가 오면 멈춰요.

4 인라인스케이트를 탈 때, 제일 중요한 것은 무엇일까요?

㉮ 비싸고 멋진 인라인스케이트만 있으면 돼요.

㉯ 내 발에 잘 맞는지 확인하고, 안전 장비를 챙겨요.

5 친구들과 인라인스케이트를 탈 때는 어떻게 해야 할까요?

㉮ 무조건 제일 빨리 달리는 사람이 최고예요.

㉯ 서로 부딪혀 넘어지지 않도록 조심히 타요.

  **노경실 선생님**의 '자전거와 인라인스케이트 안전' 이야기

어린이들은 자기가 직접 바퀴를 움직여서 달리는 것을 좋아해요. 그래서 자전거나 인라인스케이트 등을 갖고 싶어 해요. 자전거나 인라인스케이트를 타는 게 나쁜 일은 아니에요. 하지만 움직이는 모든 것은 언제든 사고가 날 수 있다는 생각을 해야 해요. 그래서 헬멧이나 안전 모자, 무릎 보호대 등 보호 장구를 빠짐없이 갖추는 게 중요해요. 그래야 사고 없는 신나고 즐거운 시간을 가질 수 있겠지요?

정답 ① 나 가지 / ② 나 가지 / ③ 나 가지 / ④ 나 가지 / ⑤ 나 가지

지하철과 버스 안전

북적북적 사람이 많은 곳에선 조심 또 조심!

토요일 오후 5시, 이모와 함께 어린이 뮤지컬을 본 쌍둥이 남매 주미와 민철이는 집으로 가는 지하철에 몸을 실었습니다. 지하철 안은 북적북적 발 디딜 틈도 없이 수많은 사람들로 꽉 차 있었습니다.

"이모, 너무 답답해."

"컥! 나도."

키가 작은 주미와 민철이는 더욱 답답했습니다.

"곧 내리니까 조금만 참아 보자."

이모가 남매의 손을 꼭 잡으며 말했습니다.

"응, 알겠어."

주미와 민철이가 고개를 끄덕였습니다.

두 아이는 비좁은 지하철 안에서 다시 뮤지컬 이야기를 하느라 잠시 짜증을 잊었습니다. 하지만 다음 정거장에서 많은 사람들이 타자, 서 있기도 힘들었습니다.

"어휴, 숨 막혀! 오빠, 조금 옆으로 가 봐."

주미가 민철이 쪽으로 몸을 밀며 말했습니다.

"밀지 마. 한 발자국도 못 움직이겠어."

민철이가 땀을 뻘뻘 흘리며 대꾸했습니다.

"얘들아, 이번에 내리니까 내릴 준비해."

이모의 말에 주미와 민철이가 문 쪽으로 갔습니다.

그때, 민철이가 가방에 있던 음료수 병을 꺼내 들더니 입으로 가져갔습니다.

그 순간 지하철이 갑자기 급정거를 하면서 민철이가 든 음료수 병이 바닥에 떨어졌습니다.

"으악! 오빠!"

주미가 소리를 질렀습니다.

옆에 있던 주미 신발에 음료수가 그대로 쏟아진 것입니다.

음료수가 바닥에 흐르자, 주위에 있던 사람들이 놀라 이리저리 피했습니다.

"죄송합니다. 죄송합니다."

이모가 사람들에게 사과를 하며 급히 휴지로 바닥을 닦았습니다.

지하철에서 내리자, 주미가 참았던 울음을 터트렸습니다.

"으앙! 이거 새 신발이란 말이야!"

민철이는 어쩔 줄 몰라 얼굴까지 빨개졌습니다.

"민철아, 지하철에서 음료수를 마시는 건 좋지 않아. 특히 이렇게 사람이 많을 때는 아주 위험해. 이제 알았지?"

이모는 당황해 어쩔 줄 모르는 민철이의 등을 토닥여 주었습니다.

집에 돌아온 민철이는 잠들기 전 오늘 있었던 일을 떠올려 보았습니다. 다시 생각해 봐도 아찔했습니다. 그러고 보니, 며칠 전 엄마와 지하철을 탔을 때 무심코 지나쳤던 일이 생각났습니다.

엄마와 민철이가 지하철을 타려고 계단을 내려오는데 개찰구 앞이 소란스러웠습니다.

개찰구 앞에서 한 아이의 엄마가 지하철 직원과 실랑이를 벌이고 있었습니다.

"왜 참견하세요? 뭐가 잘못됐다는 거지요?"

아이 엄마는 화가 단단히 난 목소리였습니다.

"위험하니 줄을 좀 짧게 줄여 주세요."

직원은 아이가 들고 있는 풍선을 가리켰습니다.

아이는 공주 캐릭터가 그려진 은빛 알루미늄 풍선을 들고 있었는데 풍선 줄이 천정에 닿을 정도로 길게 늘어져 있었습니다.

"지하철은 전기로 움직이기 때문에 알루미늄 풍선이 위험합니다. 그러니까 지하철을 탈 때는 풍선 줄을 반으로 줄여서 들어 주세요."

직원은 차근차근 부드럽게 설명했습니다.

"아휴, 귀찮은데……."

그러자 옆에 서 있던 아이가 엄마 손을 잡으며 말했습니다.
"엄마, 아저씨 말이 맞아. 유치원에서 배웠어."
순간 아이 엄마 얼굴이 빨갛게 달아올랐습니다.
민철이는 그때, 별것 아닌 일로 생각하고 지나쳤는데 오늘 일을 겪고 보니 지하철 안전에 대해 꼭 알아 둬야겠다는 생각이 들었습니다.

이튿날, 주미는 시장에 가는 엄마를 따라 마을버스에 올랐습니다. 마을버스는 언제나 사람이 많습니다. 마침, 남학생 둘이 내리면서 주미와 엄마는 자리에 앉을 수 있었습니다. 주미가 창문 가까이 붙어 앉았습니다.
"엄마, 창문 좀 열어 주세요."
"조심해야 해."
엄마가 창문을 조금만 열어 주었습니다.
창문을 열자, 시원한 바람이 불어왔습니다.
주미는 얼굴을 창문 가까이 대고 창밖을 바라보았습니다. 그때, 같은 반 친구 혜리가 지나가는 게 보였습니다.

주미는 힘껏 창문을 더 밀고 얼굴을 내밀며 소리쳤습니다.

"혜리야! 김혜리!"

깜짝 놀란 엄마가 급히 주미 몸을 잡아당겼습니다.

"어머, 위험해!"

엄마의 외침에 주미도 깜짝 놀라 엄마를 바라봤습니다.

"버스에서 그렇게 얼굴을 내밀면 어떡해? 엄마가 위험하다고 했잖아."

"……."

주미는 창피하기도 하고 서럽기도 했지만 울음을 꾹 참았습니다.

"주미야, 엄마가 말했지? 버스에서는 항상 손잡이를 꼭 잡고, 내릴 때까지 조용히 기다리는 거라고. 지금처럼 창문을 열고 소리 지르는 건 아주 위험한 행동이야."

"네, 다음부턴 안 그럴게요."

주미가 고개를 끄덕이며 대답했습니다.

엄마가 주미를 꼭 안아 주었습니다.
주미는 버스 안에서 다시는 위험한 행동을 하지 않을 거라 다짐했습니다.

안전이 최고야!

🌱 문제를 잘 보고 알맞은 곳에 스티커를 붙여 보세요.

1 지하철에서 음식이나 음료수를 먹어도 될까요?

㉮ 지하철은 안전하니까 무엇이든 먹어도 돼요.

㉯ 껌이나 사탕 외에는 먹거나 마시지 않는 게 좋아요.

2 동생이 알루미늄 풍선을 들고 지하철에 탈 때는 어떻게 할까요?

㉮ 동생에게 위험을 설명해 주고, 줄을 짧게 해 주어요.

㉯ 동생이 울면 귀찮으니까 하고 싶은 대로 두어요.

3 지하철 문이 닫히려고 할 때는 어떻게 해야 할까요?

㉮ 문이 닫히기 전에 뛰어 들어가요.

㉯ 몇 분 있으면 또 오니까 의자에 앉아서 기다려요.

4 뚜껑 없는 음료수를 들고 버스에 타도 되나요?

㉮ 잘 들고 있으면 상관없어요.

㉯ 음료수를 다 마시고 버스에 타야 해요.

5 버스에서 창밖을 볼 때는 어떻게 해야 할까요?

㉮ 창문에 얼굴을 내밀고 손을 흔들면 재미있어요.

㉯ 창문 밖으로 몸을 내미는 것은 위험해요.

노경실 선생님의 '지하철과 버스 안전' 이야기

요즈음 일회용 컵에 담긴 음료수를 들고 대중교통을 이용하는 사람들 때문에 흔들리는 차 안에서 사고가 많이 일어난다고 해요. 또, 지하철의 슬라이딩 도어, 에스컬레이터 등에서도 사고가 생기지요. 버스나 지하철은 단 한 시간도 움직이지 않으면 우리 생활이 마비되는 고마운 교통수단이에요. 하지만 함부로 행동하면 나뿐만 아니라 많은 사람들의 안전이 무너지니 특히, 조심해야 합니다.

정답 ❶ 가 지 나 아 / ❷ 가 지 나 아 / ❸ 가 나 지 아 / ❹ 가 아 지 나 / ❺ 가 아 지 나

위험한 사각지대 안전

사각지대는 놀이터가 아니야!

　수업을 마친 진우와 진수는 집으로 향했습니다. 아파트 단지로 들어서는 긴 담벼락 앞에 커다란 트럭 한 대가 세워져 있었습니다.

　"형! 이 트럭 진짜 크다!"

　진수가 멈춰 서서 트럭을 이리저리 살폈습니다.

　'쌩쌩 냉장! 24시간 안에 신선한 식품을 배달합니다!'

　트럭에는 과일, 채소, 생선 등 다양한 먹거리 그림이 그려져 있고, 운전석 뒤에 어마어마하게 큰 냉장고가 붙어 있었습니다.

　그때, 트럭 뒤에 서 있던 태호와 민호가 진우를 불렀습니다.

"진우야!"

"어? 너희 거기서 뭐해?"

진우가 태호와 민호에게 다가갔습니다. 옆에 있던 진수도 형을 따라갔습니다.

"나 새 스마트폰 생겼는데 진짜 신나는 게임 있어."

태호가 새 스마트폰을 들어 보였습니다.

"좋겠다. 그런데 게임을 왜 여기서 해?"

"집에 가면 엄마 때문에 못하잖아."

"아, 그렇군. 크크."

진우는 태호 옆에 바짝 붙어서 게임을 구경했습니다.

"형, 집에 안 가?"

진수가 진우를 재촉했습니다.

"진수야, 잠깐만 기다려. 이것만 보고 가자."

아이들은 책가방도 트럭 바퀴 옆에 던져두고 게임에 푹 빠졌습니다.

지루해진 진수는 트럭을 이리저리 둘러보았습니다. 바퀴 하나가 진수보다도 컸습니다.

그때, 한 아저씨가 급히 달려오더니 트럭에 올라탔습니다.

"부릉! 부르릉!"

차 시동 소리가 요란하게 들려왔습니다.

"아저씨! 안 돼요!"

깜짝 놀란 진수가 아저씨를 향해 소리쳤습니다.

마침 유모차를 밀고 오던 아주머니도 트럭을 향해 한 손을 마구 흔들며 소리쳤습니다.

"안 돼요, 안 돼! 스톱!"

하지만 아저씨는 소리를 듣지 못하고 서서히 차를 움직였습니다.

마음이 급해진 진수가 진우에게 달려갔습니다.

"형! 형, 피해!"

지나가던 남자 중학생이 이 모습을 보고 운전석 쪽으로 뛰어갔습니다.

"쾅쾅쾅!"

중학생은 주먹으로 운전석 문을 두드렸습니다.

"아저씨! 멈춰요!"

그제야 깜짝 놀란 아저씨가 시동을 끄고 차에서 내렸습니다.

"무슨 일이니?"

"아저씨, 트럭 뒤에 아이들이 있어요."

중학생이 숨을 헐떡이며 트럭 뒤를 가리켰습니다.

"이런! 얘들아, 어디 다친 데 없니?"

아저씨는 얼마나 놀랐는지 얼굴이 파랗게 질려 있었습니다.

놀란 아이들도 얼음처럼 굳어 그 자리에 서 있었습니다.

"으앙!"

진수가 참았던 울음을 터트렸습니다.

사람들이 트럭 주위로 하나둘 몰려왔습니다.

"저런, 아이들이 트럭 뒤에 서 있다 다칠 뻔했나 보네."

"왜 위험하게 트럭 뒤에서 노는 거야?"

"세상에 얼마나 놀랐을까. 쯧쯧."

어른들은 걱정스런 눈길로 아이들을 바라보았습니다.

"죄송합니다. 시간에 쫓기다 보니 급해서…… 애들아, 미안하다."

아저씨는 쩔쩔 매며 진심으로 사과했습니다.

그때, 아이들이 동시에 소리쳤습니다.

"내 책가방!"

세 개의 책가방은 이미 큰 바퀴 아래 짓눌려 있었습니다.

그날 저녁, 진우와 친구들 부모님들이 모였습니다.

"아이들도 다음부터는 조심할 거예요. 기사 아저씨도 진심으로 사과하셨구요."

"네, 그마나 큰 사고로 이어지지 않아 너무 다행이에요."

"그분한테 앞으로 안전 운전하시라고 단단히 부탁했으니, 책가방은 우리가 새로 사 주는 걸로 하면 어떨까요?"

"네, 좋습니다. 앞으로 우리가 아이들 교육을 더욱 단단히 시켜야 할 것 같아요."

회의는 금방 끝났습니다.

이튿날, 진수는 학교 가는 길에 진우에게 물었습니다.

"형! 차가 멈춰 서 있다고 또 차 뒤에서 놀 거야?"

"아니! 절대! 절대로!"

진우가 다짐하듯 더욱 큰 소리로 외쳤습니다.

일요일, 진우와 진수는 아빠와 함께 운동을 나왔습니다. 운동장에서 축구를 하고 집으로 돌아가는 길에 아빠가 길 한쪽을 가리키며 말했습니다.

"애들아, 여기가 바로 교통 사각지대야."

"사각지대가 뭐예요?"

진우가 호기심 가득한 눈으로 아빠를 바라보았습니다.

"죽을 사, 뿔 각! 죽을 정도로 위험하다는 뜻이야. 사각지대는 운전자의 눈에 잘 보이지 않는 곳이거든. 이렇게 급하게 꺾어지는 길이나 도로는 앞이나 뒤에서 오는 차들이 잘 보이지 않기 때문에 특히 조심해야 해."

아빠는 또박또박 설명해 주었습니다.

"그럼 지난번 친구들이랑 서 있던 트럭 뒤도 사각지대네요?"

"그렇지!"

아빠가 진우의 머리를 쓰다듬어 주었습니다.

"아빠도 운전할 때, 사각지대에서는 더욱 조심한단다. 그래야 사고를 미리 예방할 수 있거든."

아빠의 말에 진우와 진수가 고개를 끄덕였습니다.

"아빠, 우리 반 소희는 골목길에서 나오는데 갑자기 오토바이가 튀어나와서 깜짝 놀랐대요."
"맞아, 골목길이나 길모퉁이에서는 잠시 멈추어 서서 좌우를 살피고 걸어야 해."
"그럼 골목길이나 길모퉁이도 사각지대네요!"
진우와 진수가 입을 모아 외쳤습니다.
"딩동댕! 하하하!"
아빠가 큰 소리로 웃었습니다.
"뭐가 그렇게들 재밌어요?"
마침 마중을 나온 엄마가 다가오며 물었습니다.
"엄마! 사각지대 아세요?"
진수가 엄마 손을 꼭 잡으며 말했습니다.
"그럼, 알지. 사각지대에서는 운전자와 보행자 모두 조심해야 해."
엄마가 방긋 미소를 짓고 말했습니다.
"엄마! 아빠도 운전할 때 조심하고 우리도 길을 걸을 때 더욱 조심하기로 했어요."

"그래. 특히, 밤에는 더욱 위험해. 운전자는 어두워서 사람이 잘 안 보일 수 있고, 보행자는 차들이 켠 전조등 때문에 눈이 부셔서 앞이 잘 안 보이는 경우도 있거든."
"에이 엄마, 그건 걱정 마세요! 전 밤에는 일찍 잘 거니까요!"
진수의 말에 가족 모두 큰 소리로 웃었습니다.

안전이 최고야!

🌱 문제를 잘 보고 알맞은 곳에 스티커를 붙여 보세요.

1 멈춰 있는 자동차 뒤를 지날 때는 어떻게 해야 할까요?

㉮ 안전하니까 친구들과 장난하면서 지나가요.

㉯ 언제 움직일지 모르니 살펴보면서 얼른 지나가요.

2 길모퉁이를 지날 때는 어떻게 해야 할까요?

㉮ 잠시 멈춰 서서 차가 오는지 살핀 후에 걸어요.

㉯ 차가 알아서 잘 비켜 가니까 그냥 가며 돼요.

3 멈춰 선 자동차 안으로 공이 들어가면 어떻게 해야 할까요?

㉮ 얼른 차 밑으로 들어가서 공을 꺼내요.

㉯ 어른들에게 도움을 요청해 공을 찾을 때까지 기다려요.

4 사각지대란 말은 어떤 뜻일까요?

가 운전을 잘할 수 있는 좋은 길을 말해요.

나 운전자의 눈에 잘 보이지 않는 위험한 곳을 말해요.

5 사각지대는 밤에 특히 조심해야 하는 이유가 있나요?

가 밤에는 어두워서 보행자가 잘 보이지 않을 수 있어요.

나 밤이든 낮이든 밝은 옷을 입고 다니면 상관없어요.

노경실 선생님의 '사각지대 안전' 이야기

우리는 두 눈으로 모든 것을 보는 것 같지만 의외로 많은 것을 보지 못해요. 그래서 넘어지기도 하고, 자동차나 사람들과 부딪히기도 하지요. 심지어는 길을 걷다가 건물에서 떨어지는 물건 등에 심하게 다치기도 해요. 내 눈에는 안심해도 되는 안전한 도로나 구역 같아 보여도 언제 어디서든 사고는 날 수 있어요. 특히 사각지대에서는 더욱 조심해야 해요. 내가 자주 다니는 길, 동네, 건물 등의 사각지대는 어디인지 잘 살펴보고 미리미리 주의하는 것이 중요합니다.

정답 ① 가 자지 ② 나 자지 ③ 나 자지 ④ 나 자지 ⑤ 가 자지

Safe lifestyle to create a safe future

These days, why do we live in a more dangerous world despite the new technologies and high-tech products? The biggest reason is the social structure that is so complicated and moving insanely fast. It is really important to create a safe environment. Safety education is essential at home, at school, in the neighborhood, and at work. Among them, it is the most important to keep our own safety.

Safety is not kept by 'words' or 'thoughts'. 'Knowing the right thing', that is, we need knowledge. Do you remember the proverb, "I see as much as I know, I understand as much as I know?" Even in the case of safety, the situation is the same. As far as we know, we can keep our safety. So it's very dangerous to know roughly. We must have the right safety knowledge through books and education.

The 'Children's Safety Fairy Tales Series' tells children that keeping my body safe is: first, to protect my life and health, second, the first step in shaping my wonderful future. Also, it gives pleasure to our loved families and friends. I hope this book will be a good and friendly friend and teacher for the children's happy and safe life.